COMITÉ DE DÉFENSE
DU DÉPARTEMENT DES LANDES.

EXPOSÉ

DES

MESURES ADOPTÉES POUR ARRÊTER LA MARCHE DE L'ENNEMI ET PRÉSERVER DE L'INVASION LE TERRITOIRE DU DÉPARTEMENT.

Décembre 1870.

MONT-DE-MARSAN,
IMPRIMERIE R. LECLERCQ.

AVERTISSEMENT.

Les documents qu'on va lire ont é'é réunis par ordre du Comité de défense du département des Landes. Ils ont pour principal objet de préparer l'étude sur le terrain et la réalisation des travaux à entreprendre pour mettre le territoire de ce département à l'abri de l'invasion. Outre ce caractère spécial et local, la publicité qui leur est donnée a un objet plus étendu qui s'applique à la défense générale du territoire. Les moyens indiqués pour créer des obstacles sur nos voies de communication sont applicables à la généralité des départements, et ceux mêmes qui seraient plus spécialement propres à la topographie des Landes pourront être réalisés sur tous les points du sol français. L'inondation des plateaux qui nous offre un moyen si précieux et si complet de défense peut elle-même être étendue à un grand nombre de localités; elle peut être mise en pratique partout où la topographie offre quelque analogie avec notre propre situation. Quoique ce moyen ne soit défini avec précision que pour la partie septentrionale du département, il pourra être employé sur divers points de la partie méridionale, notamment sur le plateau du Gert qui s'étend entre les vallées du Luy et de l'Arrigan, sur le plateau situé entre St-Lon et la vallée du Gave, sur ceux qui dominent les naissances des cours d'eau du Bahus, du Gabas et du Louts, à la limite commune de notre département et de celui des Basses-Pyrénées. Dans ce dernier département plusieurs plateaux seront susceptibles de la même défense, notamment ceux du Pont-Long, au nord de la ville de Pau. Nous en dirons autant des plateaux de Lannemezan dans le département des Hautes-Pyrénées. Il est manifeste enfin que les régions des départements de la Gironde et de Lot-et-Garonne qui confinent à notre limite et dont la configuration topographique offre une analogie complète avec celle du plateau landais, comportent le même mode de protection.

L'intérêt de la publicité ordonnée par le Comité de défense du département des Landes, n'est pas nécessairement circonscrit aux limites de ce département, et quoique son objet spécial ait dû, par suite de la spécialité même de ce Comité, avoir particulièrement en vue la défense du département des Landes, les études dont nous présentons les résultats pourront ne pas être sans utilité pour la défense générale du territoire.

I.

RAPPORT

DE

M. CROUZET, Ingénieur en chef des Ponts et Chaussées,

Membre du Comité de Défense du département des Landes,

SUR

L'ENSEMBLE DES TRAVAUX DE DÉFENSE A EXÉCUTER

DANS CE DÉPARTEMENT.

Dans sa dernière séance, le Comité a bien voulu me charger de lui présenter un rapport sur l'ensemble des travaux à exécuter dans le département, au double point de vue de la défense locale et du concours à la défense générale du territoire. Ce rapport doit être le développement du programme contenu dans ma communication du 23 de ce mois et approuvé par le Comité, sur la proposition qui lui en a été faite par M. le Préfet dans la séance du 24. C'est d'après ce programme que nous diviserons notre sujet en trois parties, savoir :

1° *Chemins de fer ;*
2° *Routes de terre ;*
3° *Cours d'eau et inondations.*

1° CHEMINS DE FER.

De toutes les voies de communication, les chemins de fer sont celles qui peuvent rendre le plus de services à la défense, et dont il importe aussi le plus de priver l'ennemi. Si on les détruisait trop hâtivement, on se priverait d'un moyen d'action des plus utiles ; d'un autre côté, on peut craindre d'après des exemples récents dont l'enseignement est trop cruel pour pouvoir être négligé, de s'y prendre trop tardivement pour détruire ces voies de communication et de laisser à l'ennemi la facilité de les utiliser soit immédiatement, soit après quelques réparations promptement exécutées. Nous croyons qu'il faut garder une juste mesure entre une précipitation qui n'aurait que des inconvénients et une négligence qui pourrait avoir des dangers. Toutefois, il ne peut y avoir, à notre avis, aucun danger à ajourner toute mesure d'exécution à ce sujet jusqu'au moment où l'ennemi viendrait à se rapprocher de nous. Son arrivée à Angoulême a été indiquée, nous a-t-on dit, par notre honorable président, comme le moment qui devrait marquer la mise à exécution des mesures destinées à intercepter les voies de communication. Nous nous associons entièrement à cette appréciation, en ce qui touche les chemins de fer, et nous appuyons sur les considérations suivantes notre adhésion à cette opinion.

Un chemin de fer est une communication d'un ordre tout particulier qui exige des organes spéciaux pour la voie et pour le matériel roulant. Si ces organes manquent, le railway est impropre à toute autre circulation de roulage et très-incommode pour celle de la cavalerie et même pour les piétons : la couche de ballast dépourvu d'agrégation qui couvre sa surface, les saillies des rails et des traverses, les inégalités du profil transversal, sont autant de circonstances qui font qu'il n'y a généralement pas plus d'avantage à suivre cette voie qu'à se jeter en rase campagne. Or, il est facile de mettre rapidement un chemin de fer hors d'état d'être utilisé pour le service spécial en vue duquel il est établi, en enlevant les rails, en faisant sauter les ponts, en pratiquant des coupures de distance en distance dans les remblais et en encombrant les tranchées par des abatis dans la traversée des forêts.

Nous devons faire connaître au Comité que les fonctionnaires de la Compagnie du Midi, attachés au service de la voie, sont venus se mettre à notre disposition pour se concerter sur la désignation des ouvrages d'art à détruire et sur les autres dispositions à prendre pour intercepter le chemin de fer. Nous sommes donc assurés d'avoir de ce côté le concours le plus dévoué et le plus utile. Il nous paraît opportun de suivre cet échange d'idées dont l'initiative a été prise par les agents de la Compagnie, et nous proposons au Comité de déléguer un ou plusieurs de ses membres pour concourir en son nom à l'étude de la question et à la préparation des mesures d'exécution. Cette étude devrait avoir pour point de départ des propositions que le service de la Compagnie serait invité à présenter, et qui, après avoir été discutées entre les agents de ce service et les délégués du Comité, seraient ensuite soumises à l'approbation du Comité lui-même. Ces propositions devraient indiquer les ouvrages d'art à détruire, les parties de voie à enlever, les coupures à faire dans les remblais et les abatis à accumuler dans les tranchées; elles devraient en même temps faire connaître l'ordre de succession, les moyens d'exécution et les époques de ces diverses opérations.

2° ROUTES DE TERRE.

Les routes de terre nous paraissent devoir, au point de vue qui nous occupe, être divisées en deux catégories dont la première embrassera les routes qui par leur position ou leur direction pourraient servir à l'invasion, et dont la seconde comprendra les routes transversales au rayonnement probable des forces envahissantes. La première catégorie comporte évidemment plus d'importance que la seconde et exigera des travaux plus complets et des mesures plus graves. Nous avons figuré sur une carte ci-jointe (1) les routes de terre dont est formé le réseau de nos voies de communication, et nous y avons exprimé par des traits de couleur rouge ou verte leur distribution entre les deux catégories. Nous avons borné sur cette carte le tracé de ces routes à la partie du département limitée au sud par le cours du Midou, de la Midouze et du Bas-Adour. La partie du département restant au midi de cette ligne pourra faire l'objet d'une étude ultérieure qui offre

---

(1) Le temps et les moyens nous ont manqué pour faire reproduire cette carte par des procédés mécaniques pouvant donner un grand nombre d'exemplaires; nous n'avons jusqu'à présent qu'un petit nombre de ces cartes exécutées à la main.

manifestement moins d'urgence que la partie septentrionale. Une raison de plus qui doit nous porter à traiter à part ce qui se rapporte à celle-ci, c'est l'uniformité de sa constitution topographique et de ses conditions culturales qui nous permettra de produire dès à présent, avec une précision suffisante, les traits principaux et, pour ainsi dire, le devis des travaux à faire, tandis que la diversité de l'autre partie du département, au point de vue de la topographie et à celui de la culture, doit exiger des combinaisons variées qui réclament des études de détail dont on n'a pas pu réunir encore tous les éléments.

Les routes de la première catégorie figurées sur la carte par un trait de couleur rouge, sont les suivantes :

	Longueur.
Route de Sanguinet à Caudos et à la Hume.	7,908^m
Route nationale n° 132, de la limite de la Gironde à St-Geours-de-Maremne......	89,677
Chemin de grande communication n° 4, de la limite de la Gironde à Sore............	6,426
Route nationale n° 10, de la limite de la Gironde à celle des Basses-Pyrénées.......	136,184
Route nationale n° 134, entre Roquefort et Villeneuve............................	14,000
Route nationale 133, de la limite de Lot-et-Garonne au Caloy....................	43,000
Route départementale n° 8, de la limite de Lot-et-Garonne à Saint-Justin.	25,270
Chemin de grande communication n° 4 entre Labrit et Mont-de-Marsan..............	22,000
Route départementale n° 7, entre Commensacq et Mont-de-Marsan..............	47,382
Route départementale n° 11, entre Laharie et Mont-de-Marsan....................	46,000
Route départementale n° 15, entre Souquet et Tartas.............................	25,000
Route départementale n° 16, entre Castets et Pontonx.	20,000

Route départementale n° 14, de Castets à St-
Paul-lès-Dax. 19,532
Chemin de grande communication n° 16 ,
entre Magescq et Dax. 16,000

Longueur totale. . . . . 518,379 mètr^{es}
Soit en nombre rond. . . . . . . 518 kilomètr.

La partie du chemin de grande communication n° 4 comprise
entre Sore et Labrit et le tronçon de la route départementale n° 7
compris entre Commensacq et Pissos étant seulement à l'état de
terrain naturel ou de construction de chaussée, n'exigeront que
des travaux de peu d'importance pour être interceptés, et c'est à
ce point de vue qu'on rangera ces deux parties de route dans la
deuxième catégorie, quoique par leur position et leur direction,
elles eussent dû appartenir à la première.

Les routes de la deuxième catégorie sont les suivantes :

Longueur
Route départementale n° 17, de Sore à Biscarrosse.   50,062^m
—   n° 19, de Trensacq à Ste-Eu-
lalie, avec embranchement de Ponteux à Mimizan.   48,379
Route départementale n° 18, de Labrit à Escource,
par Sabres. 38,048
Route départementale n° 11, entre Laharie et Mézos   25,000
—   n° 15, entre Souquet et Lit,
avec embranchement sur St-Julien. 24,934
Route départementale n° 16, entre Castets et St-Girons   17,533
Chemin de grande communication n° 4, entre Sore et
Labrit. 21,000
Route départementale n° 7, entre Commensacq et
Pissos. 10,596

Longueur totale. . . . . 235,552^m
Soit en nombre rond. . . . . . . 236 kilom.

Les moyens à employer pour contrarier et même empêcher et
arrêter la marche de l'ennemi doivent d'après notre programme

approuvé en principe par le Comité, consister dans le défoncement de ces routes de distance en distance, dans la rupture des ponts et dans les abatis d'arbres. Dans un pays boisé comme celui dont nous nous occupons, ce dernier moyen a une importance capitale. Il importe donc de bien fixer nos idées sur la manière de le concevoir et de l'exécuter.

Quant à l'idée précise que nous nous ferions de cet élément de défense, de cette sorte de maille de notre réseau d'obstacles, elle consisterait en ceci :

La voie de communication que l'on veut intercepter ou obstruer sera rompue par une brèche de 4 mètres de largeur et d'un à deux mètres de profondeur ; les parois de la brèche seront taillées à pic ; les terres et pierrailles en provenant seront rejetées sur berge du côté opposé à l'ennemi, et disposées de manière à pouvoir servir de parapet pour protéger les défenseurs qui y prendraient position. Les emplacements des brèches seront choisis autant que possible dans les endroits où la route offrira le déblai ou le remblai le plus accentués : dans une tranchée de déblai, l'ennemi arrêté en face par l'obstacle aurait à gravir les talus de la tranchée pour chercher un passage en dehors de la route : de même un remblai d'une saillie bien marquée offre aussi, quoique à un moindre degré qu'un grand déblai, une difficulté de communication avec le terrain naturel, en raison de la différence des niveaux ; et de plus, les forts remblais correspondent généralement à des écoulements d'eau transversaux à la route ou à des terrains inondés ou marécageux difficilement praticables.

Quant à la dimension de 1 à 2 mètres que nous avons indiquée pour la profondeur à donner aux coupures, nous entendons que l'on donnera le maximum de 2 mètres dans les tranchées de déblai bien accusé et dans les remblais de 2 mètres au moins de saillie au-dessus du terrain naturel ; dans les autres cas correspondant aux parties de route affleurant le sol ambiant ou y formant une saillie de moins de 2 mètres, il n'y aurait aucun intérêt à donner 2 mètres de profondeur à l'excavation à pratiquer à travers la route, puisque rien dans ces circonstances n'empêcherait de tourner cette excavation à ses deux extrémités. Une profondeur de plus de 2 mètres n'aurait d'utilité pratique que dans des cas exceptionnels de tranchées à talus très-élevés ou de très-forts remblais ; partout ailleurs ce serait du travail en pure perte. Enfin, pour pouvoir tailler à pic les parois de la brèche, il faut en limiter le creusement. Par toutes ces considérations auxquelles doit s'ajouter la nécessité de restreindre le travail et la dépense dans la mesure du possible, les cotes de 1 à 2 mètres, soit moyennement de 1ᵐ50, que nous avons indiquées se trouvent justifiées.

Une circonstance qui doit surtout être prise en considération pour le choix des emplacements des obstacles à établir sur les routes est celle du boisement du sol riverain en arbres pouvant servir à faire des abatis destinés à former la continuation de l'obstacle. Ces abatis seraient faits de manière à obstruer la route en arrière de la brèche, sur une longueur de 10 à 15 mètres ; ils seraient d'ailleurs prolongés selon des lignes perpendiculaires à la route, s'étendant de chaque côté de l'obstacle, pour l'empêcher d'être tourné. Ils auraient des longueurs variant de 400 à 600 mètres, selon les circonstances locales. Nous avions d'abord pensé devoir donner à ces lignes une plus grande extension et les porter jusqu'à 2 et 3 kilomètres, mais après une mûre considération, nous avons pensé que cette extension devait avoir des limites correspondant à l'avantage qu'aurait l'ennemi à déblayer l'obstacle plutôt qu'à le tourner, et c'est à ce point de vue qu'il nous a paru que les lignes d'abatis formant les ailes de nos défenses pourraient être réduites à une largeur de 400 à 600 mètres.

L'abattage des arbres destinés à former les lignes d'abatis devra être opéré de manière à faire tomber ces arbres du côté de l'ennemi, afin que la clairière qui en résultera soit du côté de la défense et ne présente pas à l'ennemi un chemin pour tourner l'obstacle.

Les deux catégories de routes que nous avons distinguées seront défendues par des moyens entièrement identiques ; les obstacles seront les mêmes, et la seule différence consistera dans leur rapprochement plus ou moins grand. Sur les lignes de la première catégorie ce rapprochement pourra être resserré jusqu'à 250 mèt., tandis que sur les lignes de la seconde catégorie l'espacement pourra être porté à un kilomètre.

Les travaux de défense seront commencés sur les lignes de la première catégorie, et on établira d'abord un obstacle par kilom.; on intercalera ensuite un obstacle semblable vers le milieu de l'intervalle kilométrique, puis enfin on coupera chacun des nouveaux intervalles par un obstacle qui portera à 250 mètres l'espacement définitif de ces moyens de défense. Nous avions d'abord pensé à resserrer cet espacement jusqu'à une limite de 100 mètres ; mais la longueur totale des lignes de première catégorie à défendre étant de 518 kilom., il en serait résulté un nombre de 5,180 obstacles qui auraient peut-être excédé les facultés disponibles. Au reste, par suite de la méthode qui consiste à établir d'abord ces obstacles à des intervalles kilométriques et à en intercaler successivement de nouveaux dans ces intervalles, on sera toujours en mesure de les accumuler sur les directions les plus menacées. Il est également sensible que cette méthode offrira l'avantage de présenter, à toutes les époques, au cours même de l'exécution, un système ayant une sérieuse valeur défensive qui pourra recevoir des accroissements successifs mais dont chaque élément aura individuellement son utilité propre et indépendante de ces accroissements.

L'exécution des travaux sur les lignes de la deuxième catégorie ne serait commencée que lorsque les lignes de la première catégorie seraient déjà pourvues de deux obstacles par kilomètre.

Sur toutes les lignes de l'une et de l'autre catégorie, l'emplacement des obstacles devrait être piqueté sur les lieux, de manière à assurer leur distribution de la manière la plus utile. Pour l'exécution de cette opération nous sommes à la complète disposition de l'Administration et du Comité avec nos ingénieurs, nos conducteurs, les employés de tout grade et tous les cantonniers de notre service ; chacun de ces agents dirigerait, d'après nos instructions, l'établissement de ces obstacles et utiliserait le concours des prestataires armés de pioches, de pelles et de haches pour l'exécution du terrassement et des abatis. Chaque commune devrait fournir les ouvriers nécessaires pour l'exécution de ces travaux de défense dans le parcours de son territoire, et les agents de la voirie seraient chargés de se mettre en rapport avec les Maires pour réunir et diriger sur le terrain les équipes d'ouvriers terrassiers et bûcherons à y employer.

Les obstacles seront, comme nous l'avons déjà indiqué, établis, autant que possible, de manière à correspondre aux parties de route bordées de forêts de haute futaie pouvant fournir les abatis les plus solides; on aura soin de diriger la coupe de manière à favoriser l'enchevêtrement des arbres abattus, et on s'attachera à laisser un certain nombre de ces arbres adhérents à leur souche par une partie de leur bois, afin de rendre leur déblaiement plus difficile. Il doit être bien entendu que les ponts, ponceaux et aqueducs existant sur des cours d'eau perpendiculaires à la ligne à intercepter seront choisis de préférence comme emplacements des coupures à établir, et qu'on ne s'astreindra pas à observer entre ces coupures des espacements réguliers, mais qu'on s'appliquera à les établir sur les emplacements les plus convenables pour assurer leur construction la plus solide et leur fonctionnement le plus utile.

Reste la question de savoir à quelle époque ces travaux devront être commencés. Ici, comme pour la question relative au chemin de fer, nous sommes en présence de deux considérations à mettre en balance : la première est celle de ne pas se laisser prendre au dépourvu pour l'exécution des travaux de défense du territoire; la seconde est celle de la gêne que ces travaux doivent apporter dans les communications locales. Quoique cette dernière considération doive être entièrement subordonnée à la première, on ne peut pas cependant en faire une complète abstraction ; nous avons vu dernièrement, pendant notre séjour à Tours, le Comité de défense du département d'Indre-et-Loire ajourner, par crainte de cette incommodité, la coupure des routes par lesquelles l'invasion pouvait être portée au sein de ce département; nous n'avons pas eu à intervenir dans cette décision, mais dans notre for intérieur nous ne l'avons pas approuvée, et nous ne voudrions pas conseiller d'user de la même temporisation en ce qui nous touche. Aussi, sommes-nous d'avis de décider que les travaux de défense des routes de terre seraient commencés dès que la présence de l'ennemi serait signalée à la hauteur de Poitiers.

Dès à présent, l'étude et le piquetage des emplacements seraient faits sans le moindre délai, et on s'occuperait également d'urgence de l'organisation du personnel et des moyens d'action à mettre en œuvre au premier signal.

3° COURS D'EAU ET INONDATIONS.

Les cours d'eau qui sillonnent la partie nord de notre département sont tous encaissés dans des ravins profonds qu'ils ont creusés dans l'épaisseur de la couche de sable qui constitue la généralité de la surface du plateau landais. Ils doivent à cette circonstance la propriété d'offrir des obstacles d'une certaine valeur pour arrêter la marche de l'ennemi. Leur disposition transversale à la marche probable de l'invasion est aussi une circonstance favorable. Enfin, ils sont bordés en beaucoup d'endroits de marais et de tourbières difficilement praticables. Le plus important de ces cours d'eau est la Leyre, puis viennent, en marchant du nord au sud, le ruisseau des Forges d'Ychoux, celui des Forges de Pontenx, ceux de Castéja, d'Uza, de Lapalue, de Magescq. Indépendamment de ces cours d'eau qui se déchargent directement à la mer, nous avons dans la partie orientale de la région que nous considérons les affluents de la Midouze, dont les principaux sont la Douze, l'Estampon, l'Estrigon, le Bez, le Redjon et le Luzon.

Les mesures à prendre pour utiliser tous ces cours d'eau, en vue de la défense, doivent consister principalement, selon nous, à détruire tous les ponts, passerelles et gués sur chacun d'eux à l'approche de l'ennemi. A cet effet, une troupe formée de gens du pays, armés aussi bien qu'ils le pourraient, serait échelonnée en arrière du premier de ces cours d'eau, dont elle aurait d'abord rompu les passages : elle aurait pour mission d'observer la marche de l'ennemi, de l'inquiéter autant que possible et de remplir le rôle d'éclaireur et d'avant-garde. Quand le cours d'eau couvrant le front de cette troupe aurait été franchi par l'ennemi, elle se replierait sur le cours d'eau parallèle le plus voisin vers le Sud, par exemple du ruisseau des Forges d'Ychoux sur celui des Forges de Pontenx, et elle recommencerait sur ce second cours d'eau les mêmes opérations que sur le premier.

Comme complément des moyens de défense propres à la topographie et au régime des eaux de notre département, nous indiquerons les barages en terre à établir sur les rigoles et sur les petits cours d'eau qui sillonnent nos plateaux. D'ici à un mois, nous pouvons, grâce à ce moyen d'une exécution facile, transformer en une nappe d'eau continue et infranchissable tout le plateau central des Landes, noyer le chemin de fer, les routes, les chemins et la contrée toute entière.

Il ne sera pas hors de propos de donner quelques développements propres à faire bien saisir la portée de cette opération et à préciser les moyens pratiques à mettre en œuvre pour la réaliser.

Toute la région septentrionale que nous considérons en ce moment et que nous avons distinguée par une teinte légère de carmin sur la carte qui accompagne le présent rapport, est constituée par un plateau sablonneux ayant une pente générale très-faible. Il y a douze à quinze ans, avant l'exécution des travaux d'assainissement et de mise en valeur des Landes, les eaux pluviales étaient stagnantes sur la plus grande partie de ce plateau où leur séjour séculaire a déterminé des tourbières, des lagunes à sangsues, des marais à minerais de fer limoneux, des marécages de toute sorte. C'est à cet état marécageux qu'il faut attribuer l'inculture et la nudité traditionelles de ces vastes espaces inaccessibles en hiver et à peine abordables en été par des troupeaux de moutons d'une race particulièrement rustique, conduits par des pâtres montés sur des échasses.

Quand on a étudié les moyens d'assainir ces terrains, on a été conduit à la constatation de circonstances tout-à-fait imprévues qui ont singulièrement facilité une entreprise que l'on était tenté de considérer au premier abord comme très-difficile. C'est que ces plateaux, couverts de flaques d'eau stagnantes, pouvaient être facilement dégorgés par l'ouverture de quelques rigoles de faible dimension, dont le tracé a été déterminé par des opérations de nivellement et quelquefois même par de simples reconnaissances du terrain. Ces reconnaissances nous ont amenés à constater l'existence d'anciennes rigoles de dessèchement ouvertes de temps immémorial pour assainir divers quartiers de la Lande et dont la plupart sont désignées par les traditions locales, sur les cartes anciennes et sur les plans cadastraux sous le nom générique de *barades*. L'état topographique actuel des plateaux de la Lande est donc un état artificiel, et il doit suffire d'obstruer les barades et les rigoles plus récemment ouvertes, pour répandre l'inondation sur toute leur surface. L'obstruction de ces voies d'écoulement est une opération d'une extrême simplicité. Dans l'état actuel des choses, les agents préposés au service d'entretien et de surveillance des travaux d'assainissement ont à constater journellement des obstructions de cette espèce, occasionnées par les éboulements déterminés par le passage des troupeaux, souvent aussi établies intentionnellement, à l'entrée de l'été, par les bergers, en vue de retenir les eaux sur les parties de landes trop exposées à se dessécher et d'en rafraîchir les herbages. Ce que font le passage des troupeaux de moutons ou les manœuvres furtives de quelques bergers, il suffira de le faire d'une manière systématique et générale sur toutes les rigoles établies pour évacuer les eaux de la Lande, et l'on sera assuré d'obtenir ainsi avec une somme insignifiante de travail et de frais l'inondation la plus large et la plus efficace. Les barrages seront exécutés en faisant ébouler les terres; sur quelques points seulement, il pourra être utile de les renforcer par des gazons et par des piquets battus au maillet. Ils seront établis sur tous les fossés latéraux des routes et des chemins, à des distances variables selon la situation des lieux, mais dont la moyenne ne paraît pas devoir dépasser cinq cents mètres. Quant à l'obstruction des rigoles maîtresses qui sillonnent la Lande, en dehors des chemins, l'emplacement des barrages à établir sera indiqué avec la plus grande sûreté soit par les pâtres, soit par les agents du service hydraulique.

Nous avons indiqué par une teinte bleue sur la carte ci-jointe

le périmètre de l'inondation que l'on pourra obtenir par la mise
en œuvre de ces simples moyens : nous croyons que l'on trouverait
difficilement un exemple d'un résultat aussi considérable qui
puisse être obtenu à si peu de frais. Remarquons que cette inondation offre un avantage qui lui est tout-à-fait propre; au lieu
de pouvoir être saignée et détruite par la démolition d'un barrage unique qui serait établi sur un grand cours d'eau, comme il
arrive d'ordinaire, elle ne pourrait être compromise que par la
recherche et la destruction d'une multitude de petits barrages
disséminés sur une foule de points éloignés les uns des autres et
dont un grand nombre serait inaccessible par l'effet de l'inondation elle-même. Enfin, lors même que l'on parviendrait à évacuer
quelques parcelles du champ d'inondation, le sol de ces parcelles,
pénétré et amolli par la stagnation des eaux, ne pourrait pas se
prêter au passage d'une expédition militaire avant d'avoir été
consolidé par une dessication prolongée ou par des travaux im-
portants de terrassements et de fascinages.

Par toutes ces considérations, ce moyen de défense nous paraît
avoir une importance de premier ordre.

Nous avons parcouru dans ce rapide exposé les divers points
du programme qui nous avait été tracé. Les moyens que nous
avons indiqués nous paraissent offrir le précieux avantage de pouvoir être développés progressivement, de manière à atteindre une
valeur défensive qui peut devenir formidable et opposer un obstacle absolu à la marche de l'invasion. Ils ont un second avantage
non moins important, c'est celui de pouvoir être exécutés sur tout
notre sol par toutes les forces disponibles, par tous les bras qui
peuvent manier la pelle et la hache, à défaut du fusil. Tandis que
nos enfants vont au loin mettre la vigueur de leur jeunesse et de
leur patriotisme au service de la défense générale du territoire,
ceux de nous que leur âge retiendra plus près du foyer domesti-
que y multiplieront les obstacles et les résistances locales. Nous
transformerons, avec l'aide de Dieu, et sous l'inspiration de
l'amour de la patrie, notre département en une citadelle impéné-

trable à l'ennemi ; et si nos efforts étaient impuissants sur quelques points, nous n'hésiterions pas à porter la flamme dans nos forêts et à envelopper l'ennemi dans notre ruine.

Mont-de-Marsan, le 28 septembre 1870.

CROUZET.

Ce rapport a été approuvé par le Comité de défense du département des Landes dans sa séance du 28 septembre 1870, présidée par M. le général Beauchamp, et à laquelle assistait M. le Préfet des Landes.

II.

ARRÊTÉ DU PRÉFET.

NOUS, PRÉFET DES LANDES,

Considérant que sur le vœu exprimé par le Comité de défense du département, M. l'Ingénieur en Chef des Ponts et Chaussées a été chargé de déterminer dans un rapport spécial la marche des travaux nécessaires pour arrêter au besoin l'ennemi dans les Landes.

Considérant que ce rapport, transmis au Gouvernement, a reçu l'assentiment formel du Comité de défense et notre approbation,

ARRÊTONS :

Article 1er.—M. l'Ingénieur en Chef des Ponts et Chaussées est chargé, d'accord avec le Comité de défense, de déterminer exactement les points sur lesquels des travaux de défense pourraient être exécutés.

Art. 2. —Le Comité de défense est autorisé à requérir dans ce but le concours de tous les agents des services publics et particulièrement celui des agents du service vicinal.

Art. 3. — Le Comité de défense présentera au Préfet tous les projets qu'il jugera bons à assurer dans le plus bref délai, à l'approche de l'ennemi, l'exécution des mesures qu'il aura à adopter.

Fait à Mont-de-Marsan, en l'hôtel de la préfecture, le 4 novembre 1870.

Le Préfet des Landes,
HIPPOLYTE MAZE.

III.

INSTRUCTION

Pour l'exécution de l'arrêté préfectoral du 4 novembre 1870, prescrivant l'organisation nécessaire pour assurer l'application des mesures adoptées par le Comité de défense, pour arrêter la marche de l'ennemi et préserver de l'envahissement le territoire du département des Landes.

Les routes de terre à intercepter (routes nationales, routes départementales, chemins vicinaux) sont énumérées dans le rapport formant la première partie de cette brochure (voir ci-dessus pages 5 et 6). Elles y sont classées en deux catégories correspondant au degré de leur importance, au point de vue spécial de la défense. Toutefois cette énumération n'embrassant que la partie du département au nord de l'Adour, de la Midouze et du Midou, les principales routes de la partie du département au sud de cette ligne feront l'objet d'une troisième catégorie.

On suppose, en ce qui concerne les chemins de fer, que la voie de fer a été coupée et la circulation des trains arrêtée, de sorte qu'on ne les considérera, dans l'étude à faire, que comme des chemins ordinaires assimilés à la troisième catégorie ci-dessus définie.

Enumération des voies de communication à entreprendre.

L'Ingénieur de chaque arrondissement sera chargé de l'étude en question dans les limites de sa circonscription ; il devra se concerter à cet effet avec l'agent-voyer d'arrondissement et avec les Ingénieurs du chemin de fer.

Organisation du service des études

Les travaux à entreprendre sur les routes et chemins consisteront principalement dans la rupture des ponts ou ponceaux, l'établissement de coupures transversales, l'exécution d'abatis, la création d'inondations à l'aide de barrages susceptibles d'être promptement exécutés, etc.

Nature des travaux à exécuter sur les routes et chemins.

<table>
<tr><td style="vertical-align:top; width:25%">

Espacement des brèches ou coupures.

</td><td>

L'espacement des brèches ou coupures sera moyennement de 250 mètres sur les routes de la 1re catégorie, d'un kilomètre sur celles de la 2e catégorie et de quatre kilom. sur celles de la 3e catégorie. Il doit être bien entendu qu'on ne s'astreindra pas à observer entre ces coupures des espacements réguliers, mais qu'on s'appliquera à les établir sur les emplacements remplissant le mieux les conditions ci-après indiquées pour assurer leur construction la plus solide et leur fonctionnement le plus utile.

</td></tr>
</table>

L'espacement des brèches ou coupures sera moyennement de 250 mètres sur les routes de la 1ʳᵉ catégorie, d'un kilomètre sur celles de la 2ᵉ catégorie et de quatre kilom. sur celles de la 3ᵉ catégorie. Il doit être bien entendu qu'on ne s'astreindra pas à observer entre ces coupures des espacements réguliers, mais qu'on s'appliquera à les établir sur les emplacements remplissant le mieux les conditions ci-après indiquées pour assurer leur construction la plus solide et leur fonctionnement le plus utile.

Emplacement des ouvrages.

L'emplacement de chaque ouvrage sera piqueté sur les lieux, et on fixera exactement sa position par sa distance à une borne kilométrique et à un village, hameau ou maison.

Conditions d'établissement.

Pour les coupures à établir, on choisira en premier lieu les passages de ruisseaux où la route est en relief de 2ᵐ et au-dessus. On examinera s'il est facile d'étendre les terres de déblais par couches minces en amont et en aval dans le lit ou sur les bords du ruisseau, de manière à les transformer en boues qui ne puissent pas servir à combler la coupure. S'il existe un ponceau sur le ruisseau, on pourra le couper en laissant subsister la culée située du côté de l'ennemi, pour servir à maintenir les terres. On pourra même, selon les cas, laisser subsister le ponceau et creuser la tranchée en arrière ; dans ce cas la culée opposée à l'ennemi formera l'escarpement vertical de la tranchée, et le cours d'eau sera dévié dans cette tranchée.

On choisira en second lieu des parties de route encaissées entre talus de 2ᵐ de hauteur et au-dessus, ou formant un remblai de plus de 2 mètres au-dessus du sol naturel, ou enfin comprises entre un fort talus de déblai et un fort talus de remblai.

Il faudra qu'il existe autant que possible sur les deux côtés de l'emplacement des arbres, propres à former des abatis en continuation de la tranchée, ou des obstacles où puissent s'embusquer des tirailleurs, et qui s'étendent assez loin pour qu'il faille un certain temps à l'ennemi pour les tourner.

Détails d'exécution des coupures.

La voie de communication que l'on se propose d'intercepter ou d'obstruer sera rompue par une brèche de 4 mètres de largeur et de 1 à 2 m. de profondeur : les parois de la brèche seront taillées à pic ; les terres et pierrailles en provenant seront rejetées sur berge du côté opposé à l'ennemi et disposées de manière à pouvoir servir de parapet pour protéger des défenseurs qui y prendraient position.

Les abatis seront de deux genres distincts, selon qu'ils seront exécutés dans la traversée des forêts de haute futaie, ou sur des points où l'on ne pourra disposer que de bois de moindre dimension.

Les abatis du premier genre seront pratiqués dans la traversée des forêts de haute futaie, et ils seront formés principalement au moyen de l'abattage des arbres sur place. Cet abattage sera fait de manière à obstruer la route en arrière de la brèche, sur une longueur de dix à quinze mètres ; les abatis seront d'ailleurs prolongés selon des lignes perpendiculaires à la route s'étendant de chaque côté de l'obstacle, pour l'empêcher d'être tourné : ils auront des longueurs variant de 400 à 600 mètres, eu égard aux circonstances locales. L'abattage des arbres destinés à former les lignes d'abatis devra être opéré de manière à faire tomber ces arbres du côté de l'ennemi, afin que la clairière qui en résultera soit du côté de la défense et ne présente pas à l'ennemi un chemin pour tourner l'obstacle. On aura également soin de diriger la coupe de manière à favoriser l'enchevêtrement des arbres abattus, et on s'attachera à laisser un certain nombre de ces arbres adhérents à leur souche par une partie de leur bois, afin de rendre leur déblaiement plus difficile.

Les abatis du second genre seront faits avec de petits arbres ou de grosses branches de 15 centimètres de diamètre au moins qu'on pourra transporter sur le lieu de l'obstacle projeté. On dépouillera ces bois de leurs menus branchages et on ne laissera que les grosses branches dont on aiguisera les tronçons. Ces bois seront entrelacés, liés ensemble et arrêtés sur le sol, les pointes en avant, au moyen de piquets crochus. Ces abatis auront 2^m50 de hauteur et on les consolidera, partout où l'on trouvera des terres convenables, par un remblai que l'on fixera dans les vides laissés par les

Exécution
des
abatis.

Abatis
du
1er genre.

Abatis
du
2e genre.

bois; on formera ainsi un massif qui exigera l'emploi combiné de la pioche, de la pelle et de la hache pour pouvoir être déblayé.

<table><tr><td>Emplacement
des
camps retranchés.</td><td>Parmi les points défensifs, il conviendra de noter et de définir avec soin ceux qui se prêteraient à l'établissement de fortifications qui, aux termes du décret du 14 octobre dernier, « prendront, » selon le cas, le caractère d'un camp retranché pouvant contenir » tout ou partie des forces disponibles du département et rece- » vront s'il y a lieu de l'artillerie. » On suppose que pour le dé- partement des Landes ces forces seraient d'environ 4,000 hommes, et qu'elles exigeraient un camp d'une étendue d'environ 2 hec- tares. On tâchera de placer ce camp à l'intersection de plusieurs routes, sur un terrain qui ne soit pas dominé et dont les alentours soient découverts ou faciles à découvrir. L'emplacement devra aussi remplir la condition d'être à portée d'eau potable et de combus- tible et de n'être pas trop éloigné d'un centre de population.</td></tr></table>

<table><tr><td>Moyens
d'exécution.</td><td>Dans tous les cas, il sera nécessaire :</td></tr></table>

1° De se rendre compte du nombre d'hommes et d'outils qu'il faudra pour exécuter le travail dans un délai de trois jours au maximum, et de la dépense correspondante ;

2° De faire connaître les villages ou agglomérations où l'on pourra requérir d'une manière certaine les hommes et les outils;

3° De désigner à l'avance l'agent qui sera chargé, sous sa res- ponsabilité personnelle, d'opérer cette réquisition et de faire exécuter l'ouvrage, ainsi que les cantonniers de la route qui de- vront y être employés.

<table><tr><td>Rivières
et ruisseaux.
Défense ou
destruction des
gués.</td><td>Indépendamment des ponts et pontceaux existant sur les rivières et ruisseaux pour le service des routes, on devra rechercher et indiquer la situation des gués et passerelles qui peuvent s'y trou- ver, afin que l'on soit en mesure de les détruire ou d'en disputer le passage. On devra préciser notamment la longueur, la largeur et la profondeur d'étiage des gués et le tirant d'eau des bateaux qui peuvent flotter en basses eaux sur la rivière, dans leur voisi- nage. On fera connaître si les gués ou passerelles sont placés dans une anse tournant sa convexité ou sa concavité du côté de l'en-</td></tr></table>

n̄emi, et si, sur la rive en deçà, il existe des hauteurs ou des bou-
quets de bois qui puissent en faciliter la défense. On indiquera le
moyen que l'étude des lieux aura fait connaître comme le plus
facile pour détruire ces passages, soit en draguant le fonds, soit
en escarpant les rives, soit en ruinant les abords ou en les
obstruant par des abatis.

Les emplacements des barrages à établir sur les barades et les
rigoles d'assainissement, pour déterminer l'inondation des plateaux, seront recherchés et piquetés sur le terrain, et repérés à
des points topographiques connus. On indiquera aussi la distance
approximative de chaque barrage aux lieux habités les moins
éloignés. On notera le genre du travail à faire et on distinguera le
cas de simple remblai par éboulement des berges, celui de
l'obstruction au moyen de fascinages ou de mottes de gazon, enfin
celui où il sera nécessaire de renforcer le barrage par des piquets
battus au maillet. Dans chaque cas, on indiquera le résultat probable que l'on doit atteindre au moyen du barrage projeté et on
figurera sur une carte le périmètre approximatif de l'inondation
qui devra en résulter.

Les documents à fournir par chaque Ingénieur d'arrondissement
consisteront dans une carte, un tableau et un rapport.

On se servira de la carte routière du département et on y indi-
quéra :

Par des teintes rouge, verte et jaune les trois catégories de
routes de terre ;

Par un fort trait de carmin les coupures à établir sur ces routes:
ce trait rouge sera prolongé à droite et à gauche pour figurer les
lignes d'abatis, quand il en sera projeté ;

Par une croix rouge les gués ou passerelles à détruire et par
deux croix de même teinte les gués à défendre ;

Par un fort trait de couleur verte les barrages d'inondation à
établir et par une teinte bleue la surface et le périmètre de l'inondation que l'on attend de chaque barrage ;

Le tableau se composera de 9 colonnes portant les entêtes suivants :

1re colonne : Indication de la route ou du chemin à couper, du cours d'eau à défendre, du plateau à inonder, etc. ;

2e colonne : Distance de l'ouvrage à une borne kilométrique ou à un repère topographique facile à retrouver et au lieu habité le plus voisin ;

3e colonne : Nature de l'ouvrage ;

4e colonne : Nombre d'hommes nécessaire pour qu'il soit exécuté en trois jours ;

5e colonne : Nombre des cantonniers qui pourront y être employés ;

6e colonne : Noms des villages où l'on devra requérir les hommes manquants et les outils ;

7e colonne : Montant approximatif de la dépense ;

8e colonne : Nom de l'agent chargé des réquisitions et de l'exécution de l'ouvrage ;

9e colonne : Renseignements divers.

Le rapport résumera sous une forme nette, claire et concise, les études faites pour l'arrondissement.

L'Ingénieur conservera par devers lui les minutes de ces différents documents et ne devra pas les communiquer sans une autorisation spéciale de l'Ingénieur en chef.

Les études qui font l'objet de la présente instruction, devront être effectuées d'urgence, mais il est bien entendu qu'on ne commencera l'exécution d'aucun ouvrage avant d'en avoir reçu l'ordre.

La présente instruction a été approuvée par le Comité de défense dans sa séance du 8 novembre 1870 à laquelle étaient présents :

MM. le général Beauchamp, président.
François Despaignet, secrétaire.
Crouzet, rapporteur.
Bastiat, membre du Comité.
Boignères, *id.*
Boulart, *id.*
Cazade, *id.*
Dive, *id.*
le Commandant Lablache-Combier, *id.*
Lacroix, *id.*
le Commandant Navaille, *id.*
Peyruquéou, *id.*
Baron de Ravignan, *id.*
le Major Roddes, *id.*
Saint-Jean-Tauziet, *id.*

Mont-de-Marsan, R. Leclercq, imprimeur.

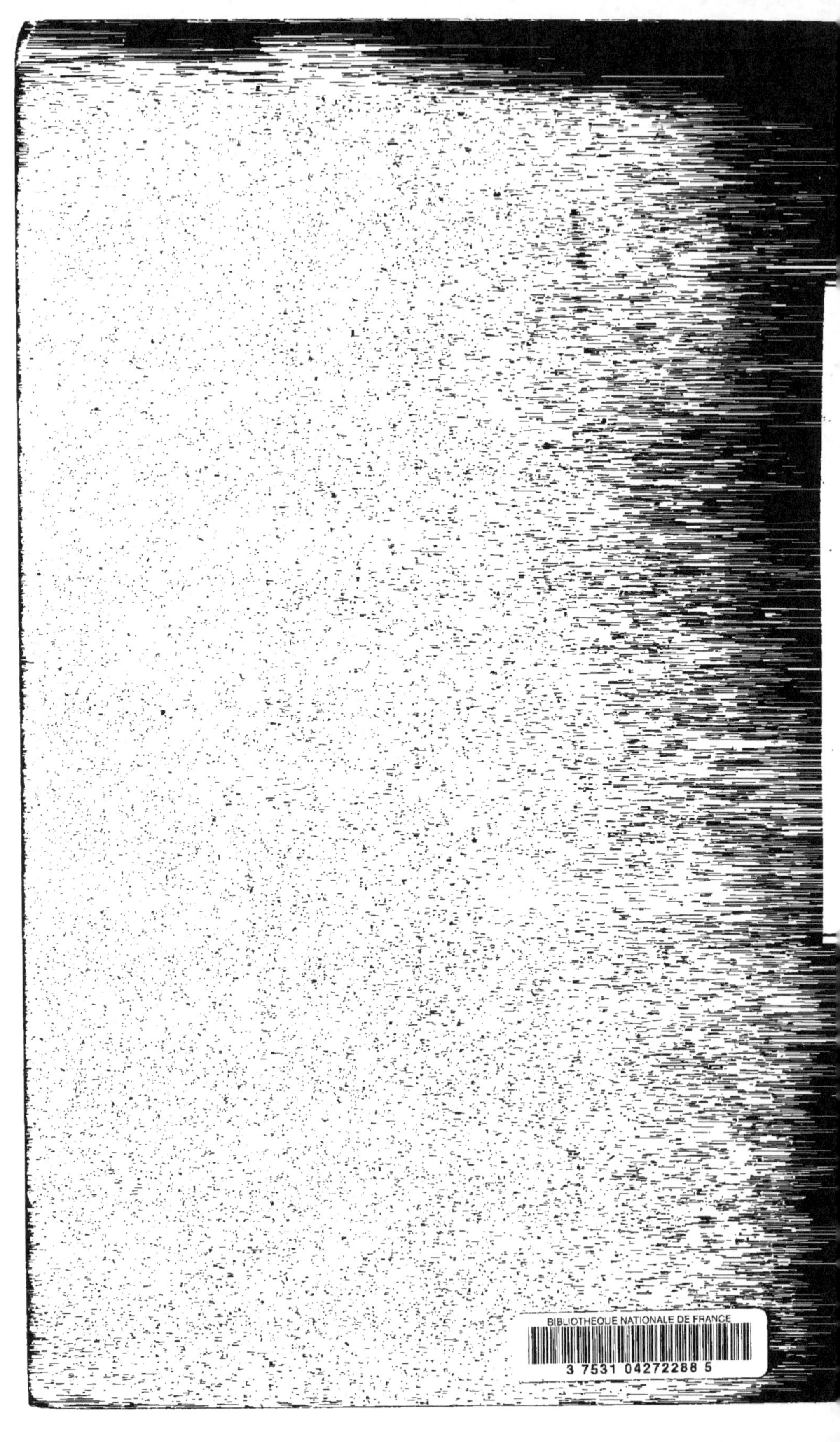